tales, praises & Spiritual Rhymes

Lyrics from THE POETIC PATOIS PRINCESS

PHEONIA BAILEY

To: Lady
Tasha

Much love
to you mi
beautiful
princess!
mwah
03/5/09.

Published by

PICWriters Publications
(Poetically Inspired Creative Writers)
Flat 2
3 John Islip Street
Pimlico
SW1P 4PU

Copyright 2008 © Pheonia Walters-Bailey
www.pheoniabailey.com
www.myspace.com/pheoniabailey

All rights reserved. No portion of this book may be reproduced, stored in a retrieval system, or transmitted in any form or by any means- electronic, mechanical, photocopy, recording, or any other- except for brief quotations in printed reviews, without prior permission of the publisher.

All Scripture quotations, unless otherwise indicated, are taken from the King James Version (Thomas Nelson Inc.)
Big thank you to Blue Letter Bible Institute: blueletterbible.org

Cover Design & Typesetting by
Clementines (Creative Growth Solutions)
www.clementinesuk.com
'A very heartfelt thank you to Mr. Kelechi Amadi'

Dedication

Firstly, all honour and glory to Almighty God, without whom none of this would be made possible. *After all, Father; You're the One who inspires, leads, directs and then opens doors.*

Daddy, You are the source of all my strength, intellect and abilities and I thank You for this wonderful opportunity of being able to share these words of inspiration with Your people.

The precious women who reared me:

Sonia 'Girlie' Peart - I'm blessed to have you in my life and thank God for your perseverance. Your selfless sacrifices have not gone unnoticed.

Sonia Rose Sinclair - you may not have had the experience of bearing me physically, but I'm glad you gave me the honour of being your daughter! I love you dearly.

I truly admire you both for your strength and determination and thank God that you never gave up! You've moulded me to become the wife, mother and woman that I am today. For that, the respect and love that I have for you is immeasurable.

Thank God that I was entrusted to you!

My Dad Randolph: Thank you for making my childhood so special. I pray every blessing of God on your life and relish the pleasure of knowing that I'll always be 'Daddy's Little Girl'!

My brothers: **Cleo, Shain, Vinton, Damani and Clinth**.

(Bob, thank you for always believing...)

My nieces and nephew '**Lolita**', **Chloe and Joshua**.

All the Teachers who've greatly influenced me... **Miss Gilbert/Miss Thompson/ Ms. Tomlinson/ Mrs. Rowe/Mrs. Graham/Ms. Plumber/Mrs. Smith/Mr. Brown/ Mrs. Louden/'Mr.T'/Mr.Coley**... yes, yes, Ah rememba de whole o' oonu!

The Bailey Family: love to you all and thanks for the support!

Special thanks to my beloved husband and God-given soulmate,
Gregory C. Bailey, who's been a mentor, a strong rock of support and my number one fan. I'm absolutely blessed and honoured that God personally handpicked you to share my life and because of your Godly examples, I'm proud to be called woman.
What else can I say....but that you're just fine! I love you.

To my blessed miracles: **Lajuan** '*God gave*' and **Lizondra** '*God's my oath*'

There are no words yet in any vocabulary that I know, that will truly relate the joy that you bring to me each day. It's a privilege to be your mother.

I pray that you will never leave this earth before fulfilling your God given purpose and potential. My greatest wish for you is that you will truly come to *know* Him!

Acknowledgements

Mrs. Bajoy Martin (girl, yu know how it go). Thank you for your extremely vital input and endless support! You're just so solid and reliable...

Mrs. Patricia David (DJ Righteous P)
Thank you for allowing God to use you as the key that you are for the now open doors in my life. I'm honoured to be your friend.

To my **Daddy Bishop-Bishop Elect Mark A. Nicholson**
Words cannot express the depth of my gratitude...Anointed Shepherd of God.

You've nurtured me and awakened the urge to be the best that I can be in Him.

Thank you especially for sharing one of the greatest natural gifts given to man on earth...your time!. I love you dearly.

My beloved friends and mentors:
Miss Dahlia Cowan and **Pastor Dawn Carew-Smith**
You mean more to me than you'll ever know! I thank God that you're a part of my life and pray that all His blessings will be yours continually...

My circle of 'Maternal Angels'
Mrs. Winsome Morris, Minister Anne Brown, Mrs. Gloria Williams, Evangelist A Doyle, First Lady (Prophetess) Lauraine Nicholson, and Mrs. Angela Clarke.

Blessed Women of God, you've positively impacted my life more than you'll ever be able to realise. You've truly inspired me by your lifestyles and indeed you are all worthy of wearing the title: *Proverbs 31, 21st Century*. Much love and many thank you's!

Mr. & Mrs. Earl Brown: you've been such blessing to my family. Thank you for your kindness.

To my Godchildren who are gems entrusted to their generation and to my life: **Shannika, Tio, Isha, Samuel, Kedija, Kelecia, Krishane, Toni-Ann, Tiana, Felicia, Xavier, and T.J.**
...just because you inspire me!

I would also like to take this opportunity to thank all those who believed in and supported this project throughout its varying stages. Your encouragement is greatly appreciated.

Roy Francis	Chris Day	Carmaleta Bailey
Marcia Dixon	Mechel Engena	Germel Panton
Alecia Sims	Kyana & Jermein Stevens	Feyona Daley
Curline Thompson	Vivene Campbell	Gershom Clarke

The beloved saints of the **Emmanuel Inspirational Church of God** (bless you Mother)

To all my other family and friends… you know who you are.

Foreword

I'm often asked what inspires me to write. Truly, this is never a difficult question to answer.

The love of God has changed my life in so many unimaginable ways, that whenever I think of His goodness, mercies and ever abundant grace, my pen is always easily moved to paper.

His Word can minister to any given situation and in a world of constant upheavals; it's good to know that there is at least one thing we can all depend on!

It is for this reason that I've chosen to include various scriptures with each poem and hope that they will indeed minister, mend and eventually bring healing. After all, my main aim for producing this book is to use what God has graciously invested in me, to

* honour Him,

* acknowledge His glory and

* bring His deliverance to His people through the gift of words.

Our Father God has a superb sense of humour and no doubt, He has doused the Caribbean people with an ample portion of this spectacularly wonderful seasoning. While spending my childhood days on the isle, I found that whatever the average Jamaican lacked in material ownership, was always doubly made up for with plenty of 'good spirits'. These Jamdung residents have a way to make you laugh, even in difficult circumstances. If they don't manage to pull a smile from your lips with their many proverbs, 'ole time stories' or 'Bredda Anansi' jokes, trust me, the very way in which they talk in a sing-song rhythm will eventually usher your funny bones into action!

My writing seeks to capture this very essence of the Jamaican folk -even in dialect- whilst simultaneously addressing the various aspects of life; be it love, poverty, abuse or even bereavement. In an effort to make the text more readily understood, I have chosen to retain certain English spellings such as 'say' for 'seh'.

Please note that should you see the name satan without a capital s, this is a deliberate act and not a grammatical error. God alone is worthy of His honour and glory.

A glossary has also been provided to help those who might not yet be confident with reading the written dialect! You may wish to take a few moments to mull over this first before venturing onto the poems themselves.

Above all, it is my hope that you will both enjoy, be blessed and 'crack yu mouth in a smile or two as yu read'!

Thanks to my local heroes; The Rt Honourable Louise Bennett-Coverley, Papa San and Stitchie, who helped to pave the way...

Pheonia Walters-Bailey

Table of Contents

Personal Development & Growth	**14**
Hidden	16
G.L.L. God's Leading Lady	18
Courtin' (Proverbs 31)	20
A Child Of God	24
Mek Mi Ready	26
Woman	**28**
I... A Woman	30
A Woman In Love	32
Post It	34
Paintover	36
Man	38
This Man	40
Praise /Encouragement/Worship	**42**
Psalms 23	44
An In Spite Of Praise	45
True Worship	46
Lyrics To Mi Lord	48
My Jehovah	50
Stan' Firm	52
Hear De War Cry	54
Crucifixion	**56**
Darkness 'Pon De Earth	58
He Was Born Crucified	60
Mary Mother Of Jesus	62

Life's Challenges	**64**
Separate Worlds	66
Secret Love Affair	68
Barbi	70
Voice?	71
African Beauties	72
Family Secrets	74
Enough Is Enough	76
A Memory Of You	78
A Mother's Love	80
Now That You Sleep	82
Bible Characters	**84**
Naaman	86
David's Tale	89
Solomon	92
Sarai	96
Lady Leah	98
Trials, Triumphs And Testimony	**100**
Warring...	102
Lover NO More	104
A God A Do It	106
When I've Been Through The Mill	108
Daylight Attack	110
Thought Provokers	**114**
Dibble Dabbling	116
Now Mi Find God	118
A Gossiper's Tale	120
Glossary	**122**

Personal Development

Whether it's learning to accept yourself, trying to find your identity or just seeking love, we all go through a process. After all, every living thing must breathe, move and grow!

Hidden

"But we have this treasure in earthen vessels, that the excellency of the power may be of God, and not of us." 2Cr 4:7

You can't see me,
    but I'm lying in the dirt
You can't see me,
    for I'm deep within the earth
You don't know of me,
    but I'm pregnant with seed
And hidden from the greed
    of the awaiting weed

You can't see me,
    and the death that's taking place
You can't see me yet,
    for my process knows no haste
You can't see me, no, for I'm cloaked in darkness
While God, He alone, is perfecting my brightness

You can't see it, but praise The Lord and glory be!
Bless His name, I've lived to see
germination
    breaking forth
    in me!

I'm being pulled from the womb,
Though even so I presume
That it's not by what man shall assume,
But by what God shall intend and so I'll bloom...

Yes, I'll bloom my way through dirt and muck
Weaving my way upwards and no, I need no 'good luck'
For my roots shall seep down and gladly they shall suck
From the Source that holds me still, 'til it's time to be plucked

Then oh then, I should have reached my end
And though I don't know how much time He will lend
He's promised to be my ever faithful friend
Through straight and narrow and at every bend
I don't fret if I be broken, for I know He can mend;
My only job is to trust and loyally depend

G.L.L. God's Leading Lady

"SFavour is deceitful, and beauty is vain but a woman that feareth the Lord, she shall be praised." Pro 31:30

Laas' week Ah meet one guy, quite tall an' handsome
Wid fair skin, an' eyes weh captivate de girls dem,
    Yu know like Absolom
Uh-uh-uh! De bwoy looking goo-ood
But what a disappointmet, 'im no operate like a real man should!

De bwoy him no wuk, an' no have nutten fi offer
Not even ambition, much less a heifer
'Im content wid weh 'im deh, for dere ends 'im destiny
But mi is a woman of vision, although tomorrow no mus' come fi mi

De Bible say by the sweat o' wi brow, wi wi' eat wi food
So wha' mi woulda do wid a man, dat have such a dung-ca' attitude?

Mi no halli-button, so mi no want no caterpillar
Mi no care how much yu dress up inna yu Adidas an' yu Filo
Yu coulda full o' charm an' yu lip dem coulda sweet
Mi naaw go dance to yu immoral beat

Yu neva help press de grape, but yu waan' come drink de wine
Yu jus' go look anodder seed weh siddung 'pon de vine
For Ah need someone fi help cultivate mi
Fi enhance mi flavour an' spur mi destiny

Mi no waan' no man weh a go come gimme pure grief
Mi ma!? Ah prefer eat humble pie an' settle fi dry leaf
Mi naaw go mek dem soil mi, an' cause mi fi fall
For mi a wait fi dat special moment, fi honour mi curtain call

Mi a go bow gracefully,
An' parade 'pon dem wid a full curtsy
A long time mi a wait 'pon de Lord, but fi sure Him wi' bless mi
So 'til then, Ah res' wid de fact dat I'm still…
    God's Leading Lady

courtin' (proverbs 31)

"Thy lips, O [my] spouse, drop [as] the honeycomb: honey and milk [are] under thy tongue; and the smell of thy garments [is] like the smell of Lebanon." Sgs 4:11

Mek Ah answer de phone for mi know a dat bwoy deh a ring
Say wah', yu really miss mi darlin'
Hear 'im no, 'bout how's mi lickle sweetie pie?
But bwoy, yu know yu tongue good 'pon de lie!

Say if yu can come over tonight fi dinner?
Say wah', yu hoping yu might finally be a winner?
Yu wi' provide all mi needs an' gi' mi all dat mi want?
Huh, wah' yu really waan' fi do, is reap wah' you neva plant

Say yu wi' tek care o' mi, if mi jus' deh wid yu?
But after nutten no do mi, wha' yu waan' mi stay home an' do?
Maasa, mi no have no time a siddung wait 'pon man when mi bruk
Mi caan' 'tan a yawd jus' so, sorry, mi haffi go out go wuk!

Now yu say yu wi' buy mi everyting dat mi want
But what a way yu deh chat wid yu mout' lip slant
Yu might as well wipe off de sugar lipstick, for Ah know yu words pretencious
Mi haffi guard wha' mi have, for mi know how it precious

Tik-ya! Yu caan' buy mi, for mi expensive an' dear
Mi more precious than ruby, an' yu know how dat rare
Dem say ben' de tree from it young, but fi mi, dat's not an issue
For Ah'm wonderfully an' beautifully made, God pack mi full o' virtue!

Wah' yu deh say? But yu no easy, yu really have a heart
Yu tink God coulda inves' so much inna mi, an' mi go go sell miself short?
Mi coulda neva li' dung mek no man tek advantage a mi
Mi read mi Bible an' mi know, God temple inna mi body

If anybody waan' mi, dem really haffi wuk hard fi dis
An' if is one ting on dem min', dem a go get a quick dismiss
Yu tink say dem a go use mi, after dem tek mi dung off a mi lovely rack
Rinse mi out 'til mi lose mi worth, den label mi brick-a-brack!?

Mi no care if yu say mi stoosh, de Word say mi peculiar, dat mi strange
Dat mean mi unique, an' mi worth more dan yu spare change
Mi naaw go stan' up an' argue wid yu,
An' mi naaw go bruk dung inna hysterics
So yu can put up yu loose jingles an' yu lickle stale lyrics

Yu see oonu man nowadays love use juicy words an' yu lickle flirtin'
Nobody no memba de days when couples go a courtin'
Well mi know what God say, an' mi know wha' Im wi' allow
Mi caan' afford fi mek Mr. Right pass mi by, for mi go choose Missa Right Now

Mi a go preserve mi treasure, fi de one God sen' mi way
Mi naaw go gi' 'im no damaged goods, so fi now, mi wrapping a stay
Ah can hardly wait fi see 'im face,
When 'im come home from work fi greet mi
A lickle chups an' ting as 'im brush mi cheek an' ask mi how mi be

Ah goin' feel nice when 'im drink in mi lips like dem a some ole vintage wine
An' blush openly, when 'im tell mi how mi looking fine
Ah goin' gi' 'im a big plate a dinner, an' mek 'im belly full
Before Ah help 'im fi relax, maybe over a glass o' red bull

Later on wi goin' say wi prayer togedder
Before wi lie dung fi res' an' fine pleasure inna each odder
So how mi fi miss out 'pon all dat,
    because mi careless wid miself yah now?
Not inna dissa lifetime, mi naaw sell out,
For God wi' keep mi 'til dat day somehow.

Not inna dissa lifetime, no way, Jose…
Ah goin' wait 'pon dat man, God goin' sen' mi way
Ah wi care fi 'im an' do 'im good all de days a mi life
For mi a trus' an' pray to God dat a be a virtuous wife!

a child of god

"But as many as received Him, to them gave He power to become the sons of God, [even] to them that believe on His name." Jhn 1:12

Someone wanted to know after much discussion
Who the 'child of God' is and asked me to give an illustration
To show my own perception,
    through way of demonstration...
So without hesitation, I explained;

That the true child of God is one who is under no misguided notion
For He daily and gladly sits at His Father's feet in earnest devotion
Lavishing praises whilst engaging in postures of worshipping
    positions
Because the child understands that worship is a lifestyle and a
    lifelong occupation
That builds strength, brings power and breathes authorisation

As for the child of God, his spiritual eyes have 20/20 vision
And his ears are in tune to a Holy Ghost reception
They sieve out and destroy every source of contamination
For they're free from malfunction
And disapprove the threat of diversion
From God's divine instruction

His heart is cle-eean and free from pollution
His mind is secure and knows no confusion
For it's under no dillusion
That he's been delivered by the Christ of Salvation
This same One who is God of all creation
    -matters not what nation

His mouth speaks his Father's Word for he believes this conclusion
That Yahweh alone is man's One, True, Solution
Applied to every way of life and in every situation
Yahweh is the God of peace and divine restoration

He quenches every thirst and brings a sweet sensation
Of prosperity and joy and full relaxation
That makes you satisfied in the days of ration
For He's not a God of grudge but gentle compassion

I don't have to wear a mask to cover my frustration
For I'm confident in the God of love who knows all angles of elevation
And will not suffer my body to see deterioration
After all, I reign in Christ's resurrection
And everlasting life for me has already been sanctioned

So in summary, let me say this
God in me, I in God there is no separation
For in Father, Son and Holy Ghost, there is no division
And as a humble child of God, I know no limitation
For His Word says so,
    It is established, decreed and declared
        Tested and tried
            Proven,
                FACT, and not fiction

mek mi ready

"He spake also this parable; A certain [man] had a fig tree planted in his vineyard; and he came and sought fruit thereon, and found none." Luk 13:6
"And at midnight there was a cry made, Behold, the bridegroom cometh; go ye out to meet him." Mat 25:6

Prune mi Lord, an' shape mi up
Bruk off all dem deh ole twigs
Secure mi roots an' water mi
Mek mi limbs ready fi bear figs

Yu see dem idle pickney deh
Weh a throw stone inna mi head top?
Yu jus' go deal wid dem mumma yaaw
An' mek dem know dat dem fi stop

Dem odder bwoy weh chop inna mi bark
Wid dem ole piece o' rusty machete
Tell dem every action have a consequence
Mek dem repent before dem meet ill-fate

Because mi out inna de elements
All dawg sometime come pee-pee 'pon mi
But when dis dry up tree meet har season again,
De whole o' dem a go waan' come see

Lord, Ah looking forward to de day
When yu clothe mi inna bright green leaves
When mi chop up bark heal again
An' luscious fruits crown mi sleeves

What a day when mi farmer come
Ah caan' wait, is de hones' truut'!
For Ah want pure sweetness touch Him lips
When Him taste mi delicious fruit

So prune mi Lord, fix mi up
Cut all dat would hinder mi growth
No mek mi harbour no bramble, whis' or thorn
Nor anything fi reduce mi crop's worth

Dem laugh at mi an' deh ask, 'how far yu season gone?'
But Lord, Ah feel it in mi trunk, it jus' about fi bruk de corner
It no matter wah' dem waan' fi say
I trust you God, You are my caring planter

So yes, prepare mi Lord, gwaan treat de soil
Mek dem gwaan beat up dem gum
For no one can change wah' yu say mus' be
An' Ah wait patiently, fi mi season mus' come!

Woman

the many roles of the woman in our society and her relationship with both God and man.

I... a woman

"And the LORD God said, [It is] not good that the man should be alone; I will make him an help meet for him." Gen 2:18

I…I a woman,
Not birthed by a fluke, but gracefully pulled from the rib of Adam
By an almighty God who created and holds all creation

I, woman, have trod many roads
And conquered many demons
Have had to swim many rivers
Refusing to be overwhelmed by sticky situations
For I,…I a woman

I a strong woman
Who's had to hold on to her sanity
Whilst being subjected to aggression and rejection
Dipping in and out o' depression
Because of this exploitation

I…I a woman who, just like David,
    had to encourage herself
And retrieve the high self-esteem
    from where it had been put up on the shelf
For as a woman, Ah just had to realise
That there's more to me than meets the eyes

I…I a praying woman,
Wrapped and clothed in Proverbs 31
Ah now know strange fiction from sweet fact
For God's Word's within me
And I'm spiritually held intact

I a woman who will stand in the gap and intercede
    for a nation
That's crying out from the threat of destruction
Where violence reigns and reeks pollution
In youth on youth crimes, where the youth is the gunman

Yes, I shall stride
And endeavour to turn back the tide
I have no time to stop, look and envy
For I'm full of potential and racing into my destiny

The foundation has been laid
I'm woman, wonderfully and fearfully made
Love the skin that I'm in
Born to succeed and determined to win
Simply, because, I a woman

I a wife, daughter, sister, mother,
I? I a friend, teacher, confidante, lover
I a warrior, mentor, survivor
For I…I a woman

Yes, the foundation has been laid
I'm woman, wonderfully and fearfully made
Love the skin that I'm in
Born to succeed and determined to win
Simply, because, I a woman

a woman in love

"And thou shalt love the Lord thy God with all thy heart, and with all thy soul, and with all thy mind, and with all thy strength: this [is] the first commandment." Mar 12:30

There're butterflies in my stomach
And an ache in my heart
It's only been an hour
But it's tearing me apart

I hate being away from You
For I love to be in Your presence
And when I get to praise You
I feel joy that's so intense

So take away the distractions
Tear them from beneath and above
Let me loose to worship,
For I'm a woman that's in love

Oh that You would show me Lord
How to live each day
Depending on a Holy God
Who is my hope and my stay

I can feel the little giggles
I feel the somersaults too
You make me blush like crazy
For I'm so in love with You!

Yes, I'm doing cart-wheels; Lord
I'm walking in the air
For I don't have a worry
When my God is near

It's too old to be a crush
And it grows stronger with the time
No, I'm a woman soaked in love
With this dear, sweet God of mine!

post it

"But my God shall supply all your need according to His riches in glory by Christ Jesus" Phl 4:19

I saw the look on Daddy's face and I quickly knew the cause
Only a few things this time, could force my Dad to pause
He studied the white paper, filled with its darkened ink
Circles of red were on the page and the huge figures made me blink
Here comes my Momma now, but what would she think?

Is what wrong wid oonu though eeh? Oonu look like somebaddy just died
Then she received the envelope and took one look inside
Mercy me, dem postman an' dis address
Dem no know say dat dis is God's house
    an' we is only Him honoured guests?
Anyway, dem caan' do no better
For a fi wi name deh 'pon de letter

Fawda in de name o' Jesus, she began to say
Tenk Yu Puppa God for a blessed and marvellous day
Please tek control Lord of all's to come wi way
I got confused, I didn't understand, how could that help the demand to pay?

They were threatening didn't she know, to disconnect the electricity
Where did she think I'd be then, without my favourite Holby City?
Wake up Mum! I surely wanted to scream
For my Mummy behaved sometimes I thought,
    as though she lived within a dream

Tenk Yu God fi Yu faithfulness, an' fi all a Yu great provision
And as if she could see through my mind,
Still wi goin' praise Yu God widdout light, stove or television!
For truly Yu is de Mos' Holy One, an' wi standing on Yu proven
    Word
Wi believe it Lawd Jesus, Yu wi tek care o' wi
    for Yu yeye deh 'pon even de lickle bird

Tenk Yu God, she began to shout, that You are time an' never late!
Man can see dat is twelve o' clock but Yu can say is only ten, for a so
    fi mi God great
As long as wi serve Yu Lord, wi wi' neva see an' empty plate
For Yu alone is de Author an' de Finisher o' wi fait'

She then engaged in bouts of halleluahs, and even the walls echoed
    on impact
She marched hands in the air along the corridor, but Momma was a
    bit crazy like that
My Dad now was only nodding, Amen he said, Amen
I smiled, thank God, you couldn't mess with my Momma,
    for you'd never know just when!

paintover

"The Spirit of the Lord [is] upon me, because He hath anointed me to preach the gospel to the poor; He hath sent me to heal the brokenhearted, to preach deliverance to the captives, and recovering of sight to the blind, to set at liberty them that are bruised..." Luk 4:18

What do I use, and how do I make a start
To paint over the wounds, you've placed upon my heart?
They may be hidden from the public eye,
    but I assure you they hurt the most
And scream like the billows of waters do
    at the intruders who search its coast
For the heart's been shackled; It feels defeated and wronged
It wants to roam free into the pastures for which it's longed
Pastures of peace, contentment and pride
Instead of the darkened valleys through which it must hide

How, how do I continue with this wretched performance?
My mind's not in it but I force my feet to dance
In the hope of creating a distraction which just might per chance
Dismiss the thoughts of the curious onlooker
    who might spot the hurting at a glance
And so I jerk out laughter, instead of a steady flowing scream
Trying to portray a real life nightmare as though it were an enviable dream
But only if they could see the tears through the darkness,
    how they hover and then stream
Only then would they know that all's not what it would seem

But I've become a master painter
And no bruised area has been left untouched
None, except for the tender beating vessel inside my chest
    that can never be airbrushed
For it's struggled through turmoil, been illtreated and crushed
Almost hushed… into silence,
Yet a wise man once said that 'Time heals all wounds'
    but I don't know
        that time
            can
                be
                    rushed

man

"But I would have you know, that the head of every man is Christ; and the head of the woman [is] the man; and the head of Christ [is] God." 1Cr 11:3

Man, you who were made to protect me
Not abuse me and then reject me
Man, you who should have been able to see the needs
And scatter seeds
Seeds that would be nurtured and nourished
So that they flourished
Into something great, magnificent and useful
Something to be proud of, something fresh and beautiful

Man, yes you, Man!
You, man, who should've cradled my trust
And guarded my honour from decay and rust
Instead, you, same man
    has crumpled me like a piece of worthless paper
    and now ground me into dust
So that the seeds that ought to grow
Have no abundant flow
Of the water, the living words of life that they should know

No…no, man…

That thing so magnificent and useful
Something fresh and beautiful, has all ebbed away
Because of the picture frame that was chipped at, day after day
And the picture itself has fallen, left out to face the elements
Raw and bruised, hurting, dejected
    and alone, to endure the pain of her ailments

For what do you do, when protector has turned abuser,
> friend has turned to foe
> and defender is main persecutor?

I'm sure that I should've been treasured, and something to value
But how can I blame you man, for you've also been lied to!
Being made to think that your masculinity comes
> only from the strength of your hands
Hands raised to the air before submitting to your anger's demands
Demands to lash out and connect with soft smooth skin
Because patience no longer tarries and frustration's now set in
You've embraced the lies and suddenly, you're no longer a leader

And the young who look on,
> await the great teacher, mentor, spiritual father
Whilst, I the woman
> who should have been the recipient of seeds from a
> > dedicated farmer
Long for that tender lover who would be my defending warrior and
> grand cultivator
Who would see and encourage my potential to be a worthy carrier
Deliverer
Nurturor
And Nourisher

Who would endeavour to be proud to call myself wo-man
Helpmeet and companion
To the wonderful thing called **man!**

It's sad, but something great, magnificent and useful
Something proud, fresh and beautiful
Can only but hope within a dream
To rediscover or find her stolen self-esteem
And learn how to stand
> Again… *Because of man*

tHIS man

"A good man out of the good treasure of the heart bringeth forth good things..." Mat 12:35

God only knows what I feel for this man!
This man who's been more than I could express
And owe much more than I could repay

A confidante, a mate, a lover, best friend
Encourager of my spirit and great provider

A precious Man of God

Surely, only God knows what I feel for this man

I remember he was there when I carried his seed
And was a strong support in time of my need
Propping the pillows, massaging swollen feet
While he himself was tired and would have loved a seat

I remember the times he held back my hair
As my body rejected food and stripped my stomach bare
When he helped me into clothes so I could get dressed
I blushed terribly, though I was hugely impressed

Countless trips to the doctor, then hospital for scans
Sometimes even cancelling his all important plans
Each time I felt as though I was always priority
Surely then I wonder, is he of the minority?

And only God knows, what I feel for this man

He's patient, kind, gentle and understanding
When he's not around, I feel emptiness and longing
It doesn't take very much to see
That this man is truly and deeply in love with me

He gives me his all and always his best
He loves what I love and detests what I detest
What can I say, but that he's my Soulmate
In each and every way
And that's why I love him
More and more each day

Surely, oh surely, only God knows what I feel... for this *my* man!

Worship

the bible says that god 'inhabitest the praises of israel' psalms 22:3. we may all have more than one purpose in life, but the main thing will always be to worship him!

psalms 23

"For the LORD will not forsake His people for His great name's sake: because it hath pleased the LORD to make you His people." 1Sa 12:22

The Lord is my Shepherd, to feed, to guide,
    and shield me
By the cool still waters, He gently leads me
He refreshes and restores my life
And in the paths of righteousness,
    I'll know no trouble or strife
Yea though I venture through the deep sunless valley
No evil will bother me
For death shall only be a shadow
In the greenness of God's meadow
For in peace and rest, He causes me to lie
Not set me up to die
But His rod and staff are my comfort
And His Spirit is of strong support
There's a table spread wide
    with His goodness and His mercies
He prepared it for me, right before the eyes of my enemies
My head, he anoints with His precious oil
That my cup runs over
With His joy and His favour
So surely then, shall goodness and mercy follow me
Yes, all the days of my life they'll follow me
And until the day I meet Him face to face
His presence, shall forever be my dwelling place

an in spite of praise

(Inspired by the book of Job)

"I will bless the LORD at all times: His praise [shall] continually [be] in my mouth." Psa 34:1

When all around me is sinking sand
And everything struggles to strive or stand
I'll lift my hand and my voice I'll raise
Just to bless you Lord, with an in spite of praise

When my riches of gold have turned to dust
And my nickels and coins begin to rust
When turbulent nights prolong the days
I'll give you, Lord, an in spite of praise

When loved ones shun me and I'm left on my own
'Til what was once soft, then turns to stone
Even if the sun abandons its rays
I'll give you, Lord, an in spite of praise

In spite of my difficulties and persecutions
In spite of my losses and hurts
In spite of my trials, in spite of my triumphs
In spite of my sorrows, in spite of my joys
In spite of my possessions, my have's and have not's
In spite of my enemies, and in spite of My Self
God, Oh Holy, Holy God,
I'll give you… for you deserve an in spite of praise!

true worship

"And one cried unto another, and said, Holy, holy, holy, [is] the LORD of hosts: the whole earth [is] full of His glory." Isa 6:3

Devil confused…, at de soun' o' de worshippers
'im caan' understan' de footwork o' de spiritual dancers
Feet are jumping
Voices are yelling
Hands are waving
And hearts…are praising

God's Word a go back up to Him
Empty vessels a full up to de brim
Yea, Ah say, strongholds dem a get pull down
For there's power an' authority in de true worshippers soun'

Hear de voices now a bombard heaven
Hey! Worship a go up to God 24 an' 7
Demons dem a tremble, no know fi stan' up or siddung
For such destruction fi dem
    deh 'pon de worshipper tongue

So yu a wonder weh fi go, so yu can get yu lickle miracle?
Worship an' enter de holy tabernacle!
Rejoice! For inna God holy presence, dere is fullness o' joy
Him anointing buss up chains!
An' yokes? Fi sure it wi' destroy!

Oh what a day, when de true worshipper let loose
An' hang de devil inna 'im own noose
For 'im get confuse when stronghold a rackle an' a shake
A topple an' a drop down
All from de strength an' anointing inna de worshippin' soun'

So jump up 'pon yu foot dem an' let out a crazy praise!
Shabach oonu God… an' sen' de devil inna maze

For devil confused a de soun' o' de worshippers
'im caan' understan' de footwork o' de spiritual dancers
When feet are jumping
Voices are yelling
Hands are waving
And hearts… are praising

LYRICS to MI LORD

"O taste and see that the LORD [is] good" Psa 34:8

Lord, yu see if Ah coulda sing
Ah woulda gi' Yu a love song everyday
Ah woulda sing a nice tune
An' mek yu heart move
'til Yu blush fi see Yu knee dem a sway

But yu see because Yu put words inna mi mout',
Dat mi can form two lyrics 'pon mi tongue?
Ah goin' drop two rhyme under Yu skin
For Ah so grateful dat Yu save mi from sin!

Ah goin' mek Yu know dat
Yu is de honey in mi honeycomb
An' de soothing bubbles in mi bath foam
Yu softer than de pillow dat mi liddung 'pon
Oh Yu so gorgeous Rose o' Sharon!

Ah love de way Yu breath caress mi
When Ah lie dung inna Yu arms
An' Yu mek mi feel so safe, Jehovah Nissi
When Yu whisper so softly inna mi inner ear
'I am Jehovah Shammah, your God is always here'

Ah waan' Yu know God, Yu more than de niceness
    inna de word sweet
Yu beat all de sugar inna de bes' chocolate treat
Mi no need a Spiderman, or Mr. Bond anymore
For God, Yu much more versatile than even the Fantastic Four!

So although mi voice no so strong
Ah goin' borrow Whitney Houston song
For de words dem ring so true
When it say, 'I'm- saving- all- my love- for -you'

Yes Lord, a Yu a fi mi God,
Yu so good to mi, an' mi love Yu 'til it bad!
Yu is de beginning
An' de en' o' mi worl'
For Yu really know how fi treat dissa young girl!

MY JEHOVAH

"That [men] may know that thou, whose name alone [is] JEHOVAH, [art] the most high over all the earth." Psa 83:18

My Jehovah is a God of praise
Righteous, worthy and holy
I'll never want, for He is my Jehovah Jireh
My body won't stay broken, for He is my Jehovah Rophe
Though the enemy seeks to harm me,
Jehovah Nissi shall keep me hidden from his snares

Though I struggle through conflicts
Jehovah Shalom shall be my peace
He is Lord of the battle, my El Ohim
Adonai, my master and friend

I'm never lonely- for Jehovah Shammah
My God is always there
Jehovah M'keddesh sanctifies
Jehovah Rohi, my shepherd guides
Jehovah Elohim, is Lord my creator
So what have I to fear…
When He is Alpha
Who knows my beginning
And Omega who is Lord of my end?

He Provides,
    Heals,
    Sanctifies.
He's my Banner,
    My Shepherd,
    My Peace,
        My Righteousness.

He's there
He's my creator
He's my master
The Strong One
The Most High God
The All Powerful One
He's my beginning…
And He is, my end.

stan' firm

"Therefore, my beloved brethren, be ye stedfast, unmoveable, always abounding in the work of the Lord, forasmuch as ye know that your labour is not in vain in the Lord." 1Cr 15:58

Mi say fi stan' up! Harden oonu stomach, an' oppose de lie!
Satan outta line, a God 'im a try defy?
What a piece o' wretchedness, Christian a time fi get bad,
Devil bwoy no easy, but 'im mus' be mad!

A big up 'im ches' say 'im a demon…like wi fi' 'fraid a dat?
Wonder if 'im no know wi belly full o' Bible fat!
Wi gut line wid de Spirit o' God's Holy truut'
De Word deh ready 'pon wi tongue fi sting up de bruut'

'im leggo a virus inna wi system, dat rampantly a kill
But God sen' *Jesus* as a resurrecting pill!
Devil fool nuff wid 'im cunning trickery
But bless the Lord fi Jesus, in Him wi have de victory

For centuries now 'im a try defeat wi Saviour
Wid 'im liard tiefin' self, 'im spread pure propoganda
Say 'im alone is worthy to be served?
But de feisty bwoy, 'im have a nerve!

A wah' 'im tek God people fah?
A wah' kind a eediot ting 'im still a fallah?
'im no know say 'im kingdom soon tear dung
For death neva hol' wi Lord when dem put Him under grung.

Jesus rise up an' gi' wi power
Strengt' inna wi ches' fi box dung an' devour
Fi raise wi foot an' gi' demon a spirit filled kick (hiyaaaw!)
Fi stan' up sturdy when dem gi' wi a lick

If wi embrace de word o' God, it wi' set wi free
For Jesus blood done shed, jus' fi pay sin fee
So no mek satan tink yu owe 'im nutten
Tell 'im fi get thee hence… *face feava halli-button*

No bodder mek 'im tief yu family an' yu pickney dem one by one
Yu have wah' fi mash 'im up, yu no know dat…but 'tan!
Tell 'im fi gwaan back- back, an' keep 'im distance
Warn 'im han' offa yu finance, romance an' any odder lickle pittance

Touch base wid yu Fawda no now an' again- but everyday!
A Him gi' yu authority fi keep ole devil abay
No look de know-how, but do it de know-God way
Seek de shadow of Him wings, den squat down an' stay

Only then devil bwoy wi know true defeat
For satan mek fi live under Christian feet…yu no see it?
Satan mek fi live under Christian feet
Ah hope yu see it. Ah hope yu see it. Ah hope yu see it.

HEAR DE WAR CRY

"And from the days of John the Baptist until now the kingdom of heaven suffereth violence, and the violent take it by force." Mat 11:12

A-lert, a-lert, a-lert. In-co-ming missile, in-co-ming missile…
Blow de trumpet dung a Zion!
Ah can see de enemy from afar
Call in every trained pair o' hands
An' dress yu soldiers fi war!

Tell dem no joke fi put on dem armour
For a spiritual battle wi a now enter
Come on Saints of Christ,
    kick off de sheet an' jump outta de bed
Wi caan' wait 'til de enemy so close
    dat 'im all come suddung 'pon wi head!?

'im a employ every type o' weapon
For 'im come fi kill, steal an' destroy
But mek wi gird up wi loins
Wid de Spirit o' Truut'
Fi slide-tackle an' kick dung de ole bwoy

Memba, God already sen' Jesus fi bruise 'im head
So dat wi have power fi tread 'pon scorpion
An' when satan seek fi devour like a roaring lion
God wi' raise up a standard inna Zion!

A-lert, a-lert, a-lert!
Put on de whole armour o' God
Lick yu ches' an' gallang bad!
For wi wrestle not against flesh and blood;
But principalities, powers,
    and spiritual wickedness in high places
So set yu face lacka flint, no bodder watch de faces
Jus' dwell inna God's good graces…

For if Him call wi to de battle, Him wi' be at de lead
Wid de warring angel Michael, fi mek sure dat wi succeed
So don' mek de ole bwoy satan scare yu into a retreat
For 'im wi' always try new tactics fi trick yu min' into defeat
But greater is He who's in you, than in de worl' yu no see it?

A-lert.
Dis is a warning Christian soldiers, fi stan' an' defen' oonu city
For de devil out fi cause, both chaos an' calamity
Stan' firm 'pon yu groun'! Don' desert yu post
Yu not only have yu human strength, but de whole angelic host!
So if God Himself is for us, den' who dare be agains'?
Yu no see say devil a lose it? 'im mus' be widdout sense!
Fin' comfort now inna de strength o' yu Lord,
Be encouraged an' have no fear
Only be ye watchful, pray an' be aware
God will never leave yu or forsake yu
    when yu surrender to Him care.
A-lert. A-lert. A-lert. Mis-sile in-ter-cep-ted. Mis-sile des-troyed
    mis-sile des-troyed…

Crucifixion

Without this significant event, the Christian's belief would be worthless as it took His death and resurrection to give us a new life.

'Thank you Jesus'

darkness 'pon de earth

"And the sun was darkened, and the veil of the temple was rent in the midst." Luk 23:45

Earthquake an' darkness! Earthquake!
Ah would hope dat Ah was sleeping, but surely mi awake
De groun' it a rackle, it a rackle an' a shake
For de Fawda a pour out Him anger, fi' de Beloved Son's sake

Ah neva see anyting like dis before in all mi life!
Dem kill Him, an' now come de tribulation an' strife
For de whole earth a shake an' windows a shatter
So Ah know, all inna mi sin, dat God inna dis matter

Dem nail Him han' an' foot dem,
    dem pierce Him inna Him side
De blood an' water satisfy dem,
    when dem see Him woun' jus' open wide
But Lawd, dem neva know, dem neva know
'Til de sun hide it face, an' daylight
    see man a walk an' buck 'im toe!

Gal an' bwoy, mi say mi haffi duck,
    when mi see bricks an' mortar a fly!
For de temple it no split inna two
    an' a bawl out toward de sky
People a scream, as chaos tek set 'pon location
Imagine everyting did jus' calm
    an' den whoosh!, sudden destruction…

Don't be fooled, de story inna de Book,
>	an' de Book is true
It was written for me, as it was for you
Dat wi would believe, an' to God be reconcile
An' fi be safe in Him protection, as Him beloved chile

It no matter weh wi deh come from, or even weh wi did a go
Wi no haffi put on or mek up, Him love wi so-so-so
Him is de champion o' wi battles,
>	Him gi' wi shelter in Him arm
For God Him love wi so much,
>	Him won't suffer wi no harm

It was alright fi wi feel darkness,
>	dat we know Him alone is light
Wi jus' haffi live fi please Him,
>	by doing what is right
It no matter weh wi deh come from, or even weh wi did a go
Wi no haffi put on or mek up, Him love wi so-so-so
It no matter weh wi deh come from, or even weh wi did a go
Wi no haffi put on or mek up, Him love wi so-so-so!

He Was Born Crucified

"For this is My blood of the new testament, which is shed for many for the remission of sins." Mat 26:28

How could it be and what would be the cause
That this man had to come for the fulfilment of the laws
Prophecies and teachings, mysteries and a sign
Oh how the world was blessed to have someone so divine!
Yet it was hard to please them and none was satisfied
Until the tall trees bowed low with Him, who was born crucified

So for what purpose is this thing then that's laid its wanton claim?
On someone soaked in innocence and whose heart was without blame
How could His own betray Him and forget the mighty deeds
That this man Jesus did for them when they presented all their needs?
Yet, so it was, that He came; He lived and He died
For Jesus Christ, The Messiah, was born crucified

Could He have escaped it? Did He stand a chance, you may ask
Yes, for sure He could, but He understood His task
For He knew without His given life, we would forever be lost
And His great love for us, drove Him to cover our sin's cost
When He was born His Mum rejoiced, but in her heart she cried
For she too knew her sweet baby was born crucified

Should we not then lift our voices, and glorify God's name?
To see that He gave His only Son to suffer for our shame
Should we not then lift our hands, to worship Him above
And sing praises and thanksgiving, for this great show of love?

I dare say that we owe our all to Him
And so should learn just how to abide
In the Holy One, the Son of Man,
Who was born crucified

I dare say that we owe our *all* to Him
And so should learn just how to abide
In the Holy One, the Son of Man,
Who for my sins, your sins, our sins…
Was born crucified…

mary mother of jesus

"But Mary kept all these things, and pondered [them] in her heart."
Luk 2:19

Sista Matty, Maas Joe, how oonu coulda put up wid dis!?
Fi see wi Master being put to death because o' de betrayal a one kiss
Sista Cynthia, how is it dat it alright fi see mi son reach an' early tomb?
When it was only yesterday, de Lord place Him inna mi womb

Now, jus' fi see Him,
Anodder man a spit inna Him face!
A mock Him, a beat Him an' call dung disgrace
All Ah could do fi keep quiet, is bite mi lip at de abuse
But when mi see dem batter Him so, de knot inna mi belly let loose!

Oonu dirty rotten scoundrels, a nation a vipers oonu be
Jus' de odder day oonu a praise Him, for Him cause de bline fi see
One minute oonu a nyaam fish an' bread outta Him han'
Now de nex' oonu a say crucify dis man

Hypocrites! Cowards! Even Pilot wash 'im hands
But nay, him must heed to oonu unscrupulous and dreadful demands
Why oonu hate Him so, why, jus' mek mi ask
Yu tell mi oonu forget already how Him full up oonu empty flask?

Wretches, Ah call oonu. Wretches an' liars!
Even a baby coulda sniff oonu out today
    an' see de wickedness o' oonu desires
But wah' mi a fuss fah?
Kill Him if yu will, but soon Him a go back to Him Fawda

For Him only did lef' Him throne inna glory
Fi come a eart' fi fulfil de greatest love story
It hawd, it hawd, mi know mi a go cry still
But Ah also know oonu couldn' touch Him if it wasn't de Fawda will

Jesus! Jesus! Jee-sus!… Jesus, mi beloved child
Mi heart a wrench up innna mi, an' mi blood cells going wild
Ah know it only temporary, but it still don' cool dis sight
Seeing mi son crucified, is a hard pill fi swallow
    an' a tough dumplin' fi bite

But gallang mi lickle pickney, travel de road yu come fi trod
For even before de worl' began, it was destined by Almighty God
So despite de fact mi have dis ache inna mi soul
Ah heng on 'pon de HOPE dat yu life gi' mi fi hol'

In seeing this mother's great love and imagining her pain
I dare not sin against my God and cause this hurt again
For every time I disobey, it shows that I don't care
I draw the cross and with a callous heart, I place this mother there

Life's Challenges

some people get lost in the heavens, while others get lost on earth.
it is dangerous to be so consumed with the thought of 'life after' that we miss our purpose for being amongst mankind and the dark experiences that we could have rescued someone else from. likewise, we cannot be totally wrapped up in fleshly affairs, that we miss the call of god. trying to find a balance in life, is an ongoing process. however, when we do, we can always apply that 'heavenly thing' to preserve us on this earth... even through the difficult situations that we may have to face.
speaking in tongues alone will not bring food to the needy and neither will a loaf of bread ever satisfy the hunger in one's soul and fill his spirit.

grief...
as painful and unpleasant as it is, grief is unfortunately inevitable and real. however, for those who trust in the master and strive to do his will, we have a great hope that surely one day, this pain will be no more...

separate worlds

"Only [they would] that we should remember the poor; the same which I also was forward to do." Gal 2:10

While I'm eating my rice and peas
You scurry behind bushes and at the base of trees
For while my food's been piled high on a plate
The lack of it in your world may now seal your fate

Curried goat, chicken, or jerk pork cuisine
Would sure help your body, so thin and so lean
But here I am, feeling guilty, that my belly sits in my lap
While you have to break a tree's bark, just to get at the sap

How did either of us get to this place?
When did we miss the turn and was then lost to the human race?
Was it just our minds that drove us to be outcasts?
Could it have been Mother Nature, or more like History's dark pasts?

Interesting, but what will it take my little earthen vessel?
Can one not see the difference for which we both wrestle?
Me with my bloated gut and you...
    you with your bones cloaked only in skin
We show the symptoms, and we wrestle, but can either of us win?

When one's taste buds have been accustomed to savour only sweet things
While the other's been skilfully trained to accept all that the earth brings
You have no choice, yet you choose so wisely just to survive
With depth of determination and your body's will to strive

How I wish that you were closer, so we'd see a balance in this life
And we wouldn't need to work so hard to distance all our strife
Me with my bloated gut and you...
    you with your bones cloaked only in skin
We show the symptoms, and we wrestle, but can either of us win?

secret love affair

"Then I commended mirth, because a man hath no better thing under the sun, than to eat, and to drink, and to be merry: for that shall abide with him of his labour the days of his life, which God giveth him under the sun."
Ecc 8:15

I'd just like to tell someone about the secret love in my life
Beautiful and sweet, but with the strange ability to cause strife
For although my mind loved to embrace him, ever so close to me
He never once paid a compliment, to the contours of my body

Cold, I loved him, well heated, I didn't mind
I would go in search of him, in whatever shape or kind
Laid out before me, he always seemed to be singing me a song
Wooing me, serenading me, through days and all night long

Come to me my sweetie, let me melt upon your tongue
Feel the warmth within your heart and know it's where I belong
Let me bring you into fullness, but why just stop at that?
Beauty's in the eye of the beholder, so why fear a little fat?

Come to me my lovely, let me soothe the stomach line
Hide away to see me, find a reason to come and dine
It's just me and you together, all know that it's true
You cannot live without me and I'd rot, if not for you

Yes, his songs were golden, well written in his time
But deep within the sweetness, I sensed the taste of lime
For as my stomach stretched its capacity and my muscles began to sag
My heart interceded for my feet and they both began to nag

Wake up! They screamed through ice-creams
Take control of your apple-pie dreams
Can't you hear our pain and anguish; don't you know the sound of sorrow?
We pray God that you would love yourself and take charge of your tomorrow!

And as the pictures flashed across my eyes
It didn't take much longer for me to realise
That my life had to change at this very bend
And this obsessive love-affair, just had to come to an end

When I was born, my Creator called me a vessel, holy
And *He* should know best, for after all, He did design me
So while I might be human and may need food to survive,
God is the greatest ingredient that keeps my soul alive

He is the Bread of Life to me and to all those who bear His name
Once you've tasted of His goodness, you'll never be the same!
He's even the Living Water that quenches every thirst
And He fills you with marrow and fatness when you learn to put Him first.

BARBI

"And, ye fathers, provoke not your children to wrath: but bring them up in the nurture and admonition of the Lord." Eph 6:4

In a world of Barbie dolls and tiny white picket fences
A stench subtly arises and plays havoc on the senses
In the midst of innocence, it is covered by pretence
As it riles its way into history and time,
    attacking all the tenses

For it causes the vulnerable to be scarred in his past
Pausing his today, until tomorrow comes at last!
But even then, he's pushed into fast forward
For the young swiftly becomes old
Although the knowledge gathered, will hardly be shared
    or maybe even told

But what do you do when the picket fences fall
And is replaced by an unknown and dark concrete wall
That no longer reflects Barbie, or her house in all its beauty
But rather seeks to hide the unfriendly, the uncomely and unsightly

What do you say to him who's so vulnerable
Yet has had to suffer those things so gross and unspeakable?
When the fast forward is pushed
And the young swiftly becomes old
Will the knowledge gathered be shared,
    or could it now
    could it now... be told???

voice?

"And Absalom her brother said unto her, Hath Amnon thy brother been with thee? but hold now thy peace, my sister: he [is] thy brother; regard not this thing. So Tamar remained desolate in her brother Absalom's house."
2Sa 13:20

You wounded me;
And yet it would seem
That you would not only take my pride
But even the very sound of my, voice
My heart pains within me,
'Cause you've made me to feel less than a woman
But yet I must grin and hold myself together
Together, so that no one can glimpse the broken pieces
You committed the crime, but I must do the time
The time in a prison of silence
And so it seems that you would not only hurt flesh
But tease mind into insanity and endeavour to crush spirit
Even society would give you the edge
For who'd imagine that with wicked intent, you'd scald me
But I would be the one shunned
You committed the crime, but I must pay the price
I was meant to be a player on the board,
But I didn't get to throw the dice
Yet worse than a leper that cannot be touched
Oh what injustice and what great taboo!
Should you really not only hurt flesh
    And crush spirit
      But take my voice too?

african beauties

"Cursed [be] he that perverteth the judgment of the stranger, fatherless, and widow. And all the people shall say, Amen." Deu 27:19

Oh hush my little African beauties,
It breaks my heart to see you cry
I know it can't be easy
To watch your loved ones die

Slowly but surely you see the signs
You know them well these days
For years have taught you to recognise
The dreadful grin of Aids

And so you carry the burden
You wonder why you've been born
For age does not match your required maturity
And the childhood you never knew, is gone

Uhmmmm Mbali, Mbali,
The pressure's great I know
My heart reaches out dear girl
For your life has touched me so

Noxolo and Ntombi
My sweet, sweet Nobuhle
Until you've gained a better life
I'll never cease to pray

So Father God please hear me
Watch over them I ask
Give them even enough I pray
To do their every task

Let your Holy Spirit, rest within their hearts
Give your angels charge
And protect them from man's greed
Teach them well of their royal heritage
And provide for their every need

Mbali, Noxolo, Ntombi, Nobuhle
Warriors, Survivors, Overcomers
My little African beauties,
My little African Queens

In honour of Sister H – children caring for parents with Aids.

family secrets

"Take heed that ye despise not one of these little ones; for I say unto you, That in heaven their angels do always behold the face of my Father which is in heaven." Mat 18:10

When men whom you look up to
Let you down in the worst kind of way
As they call in the night's darkness just to blacken your day
And venture to see life's innocents become a patterned prey
The Family Code of secrets says there're words you shouldn't say

When the words boil on your tongue
But you lose courage and then swallow
So that they slither down your throat
And into your heart's hollow
You yearn to tell someone, about the missing colours in your rainbow
But the Family Code of secrets, says no one needs to know

When you look out at other children and you envy them at play
For you never thought that at the start of life
You'd already see decay
You long for it and look up, but cannot find that ray
For the Family Code of secrets has driven your sun and hope away

When many could see you and admire you on the outside
Not seeing through the skilful mask that shields your woes inside
Your suppressed lips look for that ear so trustworthy to confide
But yet the Family Code of secrets says this part of you must hide…

But good news!
For I've heard of others
Who've broken and cracked this mould
They gained liberation when their stories had been told!
Though I'm not exactly sure where it was in the world
Could I take this leap of faith and trust that I'd be protected?
What rejection would I then face, to what my fate subjected?
What if they found out and then knew,
That it was I who'd dishonoured the code?
What then for me my foreign friends, what would my own future hold?

'Til then, I remain in a reluctant silent mode
And hope that someday there'll be, no more secrets in the code

enough is enough

"He will regard the prayer of the destitute, and not despise their prayer."
Psa 102:17

It's too much now…it's too much!
Dear God, oh God… oh God, oh God, oh God
Oh sweet Jesus, dear God, it's too much now!

How much longer?
How much longer, I ask Father?
For you said you'd give no more,
    no more than I can bear
But sometimes I wonder
    just how much of my screams you can hear
For surely God,
    you scan
        beneath skin
            to view the state of my heart
How then faithful, Father,
    could you have missed the ripples
        and that it's being torn apart?
For daily I sit amongst the weeds of an unwanted marriage
And reminisce on that day
    when *I* was the Cinderella in that carriage
But then, I was youthful, beautiful and of much strength
Though now sadly… my days are passing
    and strength, youth and beauty
        have been stretched a great length
So that my husband no longer looks at me
    with gentleness in his eyes
But a rich coldness that betrays the words in disguise

Like when he says that he's out with the mates
    and he'll be back by two
Before it's six hours later
    and he's clothed in Elizabeth Arden's 5th Avenue
Maybe, just maybe I would have willed myself
    to be content and satisfied
If he would let me show him love
    and not turn his back whenever I tried
They're no kisses, no cuddles, no sweet looks of pleasure…
      nothing in fact
But a woman too has needs you know,
    could you try telling him that!?
Jesus, sweet sweet dear Jesus
Dear Jesus, where did I go wrong?
I'm tired of fighting, and pretending that I'm strong
For the tears that fall say I'm lacking
    and I yearn just to belong

Oh that the cankerworm and the caterpillar
    hadn't visited my door
I don't remember inviting them, but then I must have for sure!
But now God, Father, Faithful Friend,
    is it too late to ask that you restore?
For it's really too much God, it really is too much God
    it really is too much God
      and enough is just… enough is just…enough is just
        enough

a memory of you

"O death, where [is] thy sting? O grave, where [is] thy victory?" 1Cr 15:55

What a joyful time we've had,
As we've shared a lifetime of love
We journeyed through trials-
But saw many triumphs,
In the blessings from above
Although I've seen the moment
That you've been wooed away from me
I'm comforted that it was God Himself,
Who requested your company
Now you're safe in His arms
And sometimes sitting at His feet
And though I truly miss you,
You've left me memories so sweet
Like being the romantic that you were,
Serenading me in song
Until I would realise
That we truly did belong
I remember rattling my ribs
As they broke out into laughter
Succumbing to your unique
And strong sense of humour
I remember you were my friend,
    soul-mate, lover
You never let me down
    as a husband and a father
Now that you're away from me,
What more can I say?
But that a part of me is empty
And I'll miss it everyday

Have sweet rest my darling,
Until we meet again
I'll love you 'til that moment
Although I don't know when
Have sweet rest my darling
For The Lord does as He intends
But I promise that I'll love you
With every breath that He still lends

Ted

a mother's love

"Blessed [are] they that mourn: for they shall be comforted." Mat 5:4

For all the nine months, I felt every crave
And prayed for the delivery that I'd be so brave
For all the times I imagined you and couldn't wait to see
I never gave a thought that you would never be!

I never thought I'd have to miss;
  The little things in your life
And it leaves a pain of emptiness
  That cuts me like a knife
I'll never get to see you smile or hear you cry
And I can't help but ask of God, 'Please, tell me why?'

How can it be that I'm a mother without a child?
Questions plague my mind and send emotions running wild
How, Lord, could it ever be right?
No, I'm sure this must be an injustice in Thy sight

How can I eat or even gain rest
When the child I once carried, will never feed at my breast?
Lord, please help me, for I need to know
Why did You deny me and make me feel so low?

Time, they say, is a greater mender
But will it see my heart's pain and then be its healer?
Can it ever replace that which has been taken
When a mother's love has now been forsaken?

I'm trying Lord, but it's difficult and true
I'm wrestling with feelings but I need to trust You
Though sorrow besets me and rubs me like lime
I trust that You will give me the peace I need this time

I trust You to preserve the sanity of my mind
While I seek the answers that I may never find
My broken heart is Yours, as is too my grief
I beg of You though Lord, 'let this pain be brief'

So now Lord, I pray, for hope that is new
Now that my baby is dwelling there with You
I know that she is safe from any fear or harm
For she has the embrace of Your mighty arm.

now that you sleep

"For if we believe that Jesus died and rose again, even so them also which sleep in Jesus will God bring with Him." 1 Th 4:14

When tragedy strikes and misfortune takes its toll
There's comfort in knowing, that God is still in control
Though hard to accept, it's nothing we can change
For now your life has been pulled, far, from our range
And while you sleep, we're left to weep
Weep,
For the loss of a precious son,
A beloved brother
A loyal friend
And a loving father

We may never have told you, all we may now like to say
Because we took it for granted
    that you'd be near to us each day
Suffice to say, to us, you never truly belonged
But it still somehow feels that we have been so wronged
For while you sleep, we're left to weep
Weep,
Because of the longing and emptiness
That grows with missing you
It's true
Yet while we drown our sorrows in sad songs
We rejoice in our memories
For in the short time you were lent to us,
You gave us so much joy! Oh boy!

And whilst the One who planted, has all the right to reap
We'll have to bear this burden of a mountainside so steep
For we love you so, and miss you much
    but will always carry you in our hearts
Remembering the sweet flash of teeth in the vibrant you
And the many laughs you gave us too
So it's okay, our beloved one, you go ahead and sleep
We thank God for the pleasure of knowing you,
So never mind that we now weep
Though this pain be so raw as walking barefooted on sharpened knives,
It was a blessing
And we thank Him that He allowed you, to touch our very lives
So go ahead, Son, Dad, Brother, Friend...
Take your rest and sleep
For someday soon He'll wipe our tears and we'll no longer weep

For Lucan

Bible Characters

there are many biblical personalities who inspire my pen to hit paper but these are a few of my favourites! we might be able to decipher why they have made such an impact over the years and then see what we can learn from their lifestyles...

naaman

"Now Naaman, captain of the host of the king of Syria, was a great man with his master, and honourable, because by him the LORD had given deliverance unto Syria" 2Ki 5:1

One time dung a Israel dere was a mighty soldier
Honourable an' full o' valour but de man was still a leper
Inna dem deh days, it no mek no difference wedder yu rich or poor
Search lan' far an' wide, you woulda neva fin' a cure

But de young solidier was loved an' highly respected
Favoured by de King an' became his elected
Still it neva matter who an' who 'im did know
Leper full 'im head, an' antagonize 'im toe

But dere was a lickle maiden inna Naaman house
Who attended to de yard an' help out Naaman spouse
One day she say Mistress, Ah wish dat Master could see de Prophet
For Elisha would cleanse 'im an' mek 'im get ecstatic!

Har Mistress answer an' say, Wah' yu sayin' gal pickney?
Yu mean smaddy dung a Israel could heal mi husban' leprosy?
She say yes, Maam…is not by 'im own method
But Elisha, 'im a Prophet, strictly sent by God'

De wife neva waste no time, dem go straight before de King
Who say, What a ting dough eeh? But what a sinting!
Come, tek dese gifts an' letter straight to de King o' Israel
Tell 'im wi want 'im fi tek dese tings an' mek Naaman well

But when dem reach de Israeli King, 'im tear up 'im clothes
For 'im say A trouble dis man yah waan' fi mek yu know,
Surely 'im have a quarrel up 'im nose

When since mi can heal from de very t'rone dat mi sit?
But Elisha say Wah' yu a bawl fah?
Sen' 'im come, for Israel have a Prophet!

So dem trod go dung a Elisha yard but Elisha sen' out a messenger
'Im say de prophet say fi tell yu, yu mus' go dung a Jordan River
'Im say dip yuself one time seven, inna de chosen water
An' immediately yu get a cure from dis damning leper

So which part de Prophet deh, 'im no know fi be polite?
'Im not even have de courtesy
Fi mek 'im appearance bless mi eye sight
How 'im work out dat deh muck- muck fi mek I man clean
I demand an explanation, an' Ah want it right now, seen!?

Elisha! Yu no have no respec' fi I man Naaman
Head o' the Guards an' Defender o' de Nation?
Is deat' or jail yu bwoy after,
Why yu sen' mi fi go bade inna Jordan dutty water?

Naaman get bex 'til 'im yeye dem red
But 'im servant say My Lord, why don't you just do as he's said?
So what if he's instructed you to the murky water
If you'll be cured, and freed from sores, does it really matter?

De soldier hiss 'im teet' but 'im know de servant right
'Im neva hesitate no more but run wid all 'im might
Seven times 'im dip 'imself an' de seventh time, was clean
'Im skin smooth like fi baby-bom an' it lef' wid a lovely sheen

De big man couldn' believe, de miracle dat bless 'im sight
'Im scream out loud, grab 'im foot, den take off lacka kite!
Ah haffi thank de Prophet, Ah mus' see 'im right now
Ah haffi gi' 'im sitten, fi appreciate 'im somehow

Yu see how de tables can turn quick?
Nuff a wi know when wi hit a wall o' brick
But wi neva realise wah' God inten'
So wi look for a way roun' each an' every ben'

Sometime God mek wi drop inna wi mess
Fi strengthen wi character through de tes'
But wi focus 'pon wi muck and not its potential
Fi mek wi learn someting so crucial

So what is your disease dat's eating at yu flesh?
Yu want fi shed ol' skin an' stawt again afresh
But until yu be obedient, an' listen to de Word
Yu healin' wi always be deterred

Sometime God mek wi drop inna wi mess
Fi strengthen wi character through de tes'
But wi focus 'pon wi muck and not its potential
Fi mek wi learn someting so crucial

david's tale

"So David prevailed over the Philistine with a sling and with a stone, and smote the Philistine, and slew him; but [there was] no sword in the hand of David." 1Sa 17:50

'Im measure a span an' six long cubit
An' 'pon 'im head 'im did a wear a brass helmet
'Pon 'im shoulder, 'im have on a big ol' heavy coat
An' 'im voice rumble inna 'im Philistine throat

De giant pad up 'imself wid so much shiny brass
Dat dem shake an' rackle as 'im a walk pass
Goliath all a have some strap up 'pon 'im legs
Mek poo' David foot dem look jus' like clothes pegs

Aye, yu uncircumcised Philistine, how dare yu mock mi God?
Ah goin' show yu today today, which one a wi bad
Saul heart leap an' 'im stawt to panic, imagine dat de king!
But David say no fret man, jus' mek mi get mi sling

A de people o' de Living Lord 'im stan' up deh a defy?
By God 'pon mi side, dis day naaw go pass 'im by
Dem admire de lickle bwoy courage, but tink 'im mus' be mad
How dem coulda put a giant 'gainst such a puny lad?

Dem try fi gi' 'im an armour, but 'im say mi never prove one yet
'Im say mek mi trus' in God alone, for dat is a safer bet!

Before dem coulda stop 'im, David was on 'im way
'Im say, dis Philistine goin' drop, lacka de lion dat mi kill weh day
For 'im tief mi sheep, but Ah crick 'im neck wid mi bare han'
An' is de same Spirit dat goin' give mi strengt' 'gainst dis Philistine
    man

When Goliath see 'im a come, 'im stawt fi screw up 'im face
A dis oonu a dis man now, like big man have time fi waste?
Oonu a treat Goliath like 'im a dawg or like say I man stupid
A what kin' a eediot ting oonu a deal wid?

But David never pay no min' to de Philistine's tone
For 'im did busy dung a de brook a look fi five smooth stone
Goliath get bex an' bawl out afresh
Come to mi bwoy, mek a slaughter yu
An' feed beast an' fowl yu flesh

David reply, Yu tink yu a gangster, yu come wid sword an' spear
But before all dem people yah, mi David declare
Dat de Lord o' Host promise, dat Him will deliver thee
Right inna mi han' ol' bwoy, an' give yu head to me

Wid dat David draw 'im sling
An' sen' de firs' stone flying
It conk Goliath right inna 'im forehead
An' lick de Philistine dead!

Everybody inna shock, dem numb wid disbelief
'Til de Israelites dem draw dem sword an' lash Philistines wid grief!
Dem sing Goliath fin' nuff dirty words fi rain dung 'im insults
But David cut 'im day dem short wid a measly catapult

Saul done slay 'im thousands, but David thousand by ten
Ah bet anodder Philistine wouldn' romp wid wi again!
We will praise De Fawda, we will praise De Son
For De Holy Spirit use a bwoy fi mek an' army run!

God use a lickle pickney wid boldness 'pon 'im tongue
Fi defeat a mighty giant an' lick 'im dung a grung
Praises to De Fawda, praises to De Son!
Praises to De Fawda, praises to De Son!

And so it was, David name write dung inna history
Nobody ever forget, how God gi' 'im a mighty victory
Dat same victory is ours today
If we but wait on de Lord, trus' Him an' obey

SOLOMON

"In Gibeon the LORD appeared to Solomon in a dream by night: and God said, Ask what I shall give thee." 1Ki 3:5

Once upon a time, dere was a young man
Born of a great King an' dem call 'im Solomon
One night de Lord say, Solly bwoy, ask Mi fi anyting
For yu humble yuself before Mi although yu born inna sin

'im say Lord, yu know mi a yout' but mi haffi lead a kingdom
So the best Ah can ask, is yu knowledge an' wisdom
God say, because yu neva ask Mi fi riches or gold
Ah goin' honour yu 'til de day yu grow ole
Anodder man will neva be as wealthy as you
Nor will they know of more things than you do

And so it was, dat de people realise
God had visited de king and surely made 'im wise
Everybody waan' see 'im inna action
A deh analyse, an' negotiate
    before 'im deliberate an' mek decision
An' if Ah might add, of the greatest precision!

So one day dem two lady yah come to 'im
One o' dem say de odder tief har baby while de light was dim
For she squeeze up fi har own inna de middle o' de night
So she decide fi swap dem roun' before morning bright

De 'oman accused say, no lady yu wrong
De live one is mine an' de dead to yu belong
What a way, yu tell a good story
Yu a chat 'bout yuself, but mek it look like a mi

Look 'pon dis baby yah,
Yu no see how 'im neck long lacka hose
A mi granny dat! An' look if 'im no have 'im puppa big nose!
Mi know definitely say dem deh stucku finger run inna *my* family
Face facts lady, de pickney a de dead stomp a mi!

Solomon siddung, an' listen to it all
But when 'im finally get up, yu coulda hear a pin fall
For everybody waan' fi hear de words o' de wise
But suddenly dem jawbone lick de grung inna surprise

'im say, yu know what, all dis bickering mek mi feel bored
One o' yu servants, bring mi a sword!
Everybody wonder, what will King Solomon do?
But dem neva expec' it when 'im say chop de baby inna two!

De whole courtroom puzzled but in de midst dere was a lickle laugh
When Solomon say dem fi share de baby inna half
Nobody couldn' understan' de Great King's tactic
But de real madda womb moan inna har an' mek har words
    automatic

She bawl out, no! What de odder one say is true
Please punish mi, but no divide de bwoy inna two
Ah sorry fi cause all dis trouble an' strife,
Do mi a beg yu save de baby life

Solomon tek one look 'pon de silent 'oman
'im say how yu so wicked an' so lie!?
Ah know dis couldn' be your chile
'Cause no mumma coulda 'tan up so an' watch dem baby die

'Oman, yu coveteous, yu full a hate an' yu tief
Yu never tink twice 'bout causing yu neighbour grief
So fi dat, remove yuself from mi sight!
Guards, restore de baby to 'im mother, an' put de wrong to right

Everybody shock fi see how tings turn out
But even de hardest heart, no longer had a doubt
Truly de wisdom o' God was indeed with this man
Dat even kings an' queens become 'im bigges' fans!

Solomon, was only a bwoy,
When 'im choose de path o' righteousness
An' because o' 'im desire fi God, de Lord give Israel res'
Yes, de Father really show Him people de face o' faithfulness
But it surely all began wid a young bwoy's wise reques'

SaRai

"But Sarai was barren; she [had] no child." Gen 11:30
"And God said unto Abraham, As for Sarai thy wife, thou shalt not call her name Sarai, but Sarah [shall] her name [be]." Gen 17:15

Flat! Still flat!
It's not for the lack of trying- God knows- but still flat
Oh I wish that I could scrape the sides of my womb
Just to find a trace… a tiny hint of progress
Yet every month I've had to watch the shattering of dreams
As my hopes become dashed with the red brightness of days
And no child…

Lord God, Jehovah, are You not the said one of compassion?
Then will You slay me with old age whilst I await Your champion?

But then again, that was first in the time when skin had not yet sagged
And the brilliant whiteness of teeth was set within a frame of freshness
Even full lips and high cheekbones
Eyes sparkling with the anticipation of tomorrow and all it would bring
Then, hope was alive and pricking my flesh
Dancing like flames within my core

Yes, that was before fresh green land
Had given way to verocious cultivation
And the serenity of rural life had burst into streams of proud cities
Before a hive of activities brought motorways to the beaming eyes
   and caused the earth around them to mound

For as the seconds turned to minutes, minutes to hours
Hours to days, days to weeks
Weeks to months and months to years…
The weight of hope grew heavy, almost too heavy to bear alone
(No Sarai, Sarai, look!)

Yet it was in His promise:
For He had said to my Abram, I will make of thee a great nation
A great nation, but no child?
Fat, hardness, parched emptiness, no child!
Surely, the weight of hope has grown too heavy to bear alone
(No Sarai, Sarai, look!)

You just look at my Hagar
Some might say that she is not that beautiful to look upon
But for a surety, her bones are well built for weight
Jet-black hair, *like a raven, deep dark mysterious eyes*
And st-ur-dy hips
Hips, generously wide and trustworthy
Surely…
Maybe the weight of hope has grown too heavy to bear all alone.
 (No Sarah, Sarah look!)

Lady Leah

Genesis 29/30
"Leah [was] tender eyed; but Rachel was beautiful and well favoured. And he went in also unto Rachel and he loved Rachel more than Leah, and served with him yet seven other years"
Gen 29:17

Whilst tossing and turning in my bed
My hand reaches out to touch my beloved
Yet even in the darkness, it's clear for all to see
That I love my beloved, but he doesn't care for me

I counted it joy and a pleasure to please
Bearing his children whilst bracing my knees
I thought, now this is it and so too it must be!
But still my heart was destined to bathe in agony

I said, here, behold Reuben, come see a son
Simeon my sweetheart, does your father still not hear?
Yeah, dearest Levi, surely now we are joined
Have I not brought you forth Judah in praise?
How could you not acknowledge Issachar, my reward
But instead dismiss the exalted Zebulun
And disregard Dinah,
    she who was born in judgement?

Seven times, I shed myself beloved Jacob,
    Seven times indeed!
And though there were an eighth and a ninth
    You showed me no love for these your seed
Yes, there was the food and shelter
Yes, there was a warm bed
But at night when you lay quietly, the fire inside was dead

For though I could share freely of your body
Your mind slowly drifted and your heart was closed to me
Yet my sweet Jacob, I gladly gave mandrakes
    to earn the right to be
The one to draw in your scent at night
And whose face in the morn you'd see

But still you denied me, for you could not read my eyes
Nor were you ever close enough to hear my desperate cries
Oh Jacob how I've love thee and earnestly I wish
That a portion of the love she gets, was resting on my dish!

I'm lying beside my beloved,
But my beloved doesn't care for me

Trials, Triumphs And Testimony

Like it or not, we all go through various struggles and we all face warfare. However, just as our Lord Jesus triumphed over death and rose again, we all can be reassured that His victory means our victory!

Be encouraged and don't ever let unseen forces defeat you... whether they be in the form of depression, oppression, financial difficulties, or even attacks from the adversary!

WARRING...

"Why art thou cast down, O my soul? and [why] art thou disquieted in me? hope thou in God: for I shall yet praise him [for] the help of his countenance." Psa 42:5

Fighting, fighting, fighting...
Fighting my way through tears
Fighting my way through heartache and pain
And grief that gives no path to laughter or gain
Fighting my way through this heaviness in my heart
And these dark thoughts in my head
Today I know is here, but for tomorrow, I surely dread

Amidst the raging waters I beat hard to stay afloat
When did this island get so isolated?
Why is my position so remote?
Night fall… and I'm still fighting,
Trying to keep my chin above the wetness
But daybreak sets in
And still I can't win
For it finds me yet fighting…still fighting…

Fighting, but the fists are slowly falling
Falling helplessly to my side
While my feet find difficulty in every extra stride
When will the struggles be over?
And all my woes be tossed aside?
Is there *nowhere* that I can run to hide?
Has no one seen the tears I've cried?
Or have they been lost amongst the tide?

Is there no hope in reaching ashore?
Could this be my destiny,
Could there really be no more?

Shall I just stand here
All my life, still so unsure
Beaten by the waves and left insecure
Fighting…fighting…fighting…

Where are your promises, GOD?
Did the Good Book not say you had them in store?
Has your Word not been at the centre of my core?
Then how can I give in to the depths of the sea
And the soothing song it sings, calling, luring me?

Ahh, but if I remember who's given me breath?
How can I then bow to the sweetness of death?
No, You are my God
Your strength is made perfect in my weakness!
So, I'll wait amongst the billows God,
I'll wait in all summoned meekness
If my steps are indeed being ordered by YOU
Why should I then fret whether you'll come through?

Fighting?
No
It's time for rest
For as far as champions go, I have the very best!

Lover no more

Mek mi believe it was all about yu
Even though Ah neva like the tings yu mek mi do
Yu gimme fear, as a bracelet fi wear
An' wid hate inna mi heart, a so yu cause mi fi sware

Yu use mi bredrin han' an' mout' fi tear deep inna mi soul
Yu out de fire inna mi heart an' mek mi blood run col'
Yu tell mi yu love mi
But all yu ever do is abuse mi!

When yu lan' mi inna trouble, mi never yet hear yu voice
Now yu waan' come embrace mi 'cause yu no longer mi choice
Tek yu han' offa mi; leggo mi arm!
Mek mi tink yu did treasure mi when a form yu did a form

Yu entice mi, persuade mi fi do yu dutty wuk
But all when mi down, yu gi' mi bitter gall fi suck
Say yu was mi frien' but yu ben' mi back til near bruk
Well no more satan, maasa, yu out a luck!

Mi have a new man inna mi life now
Tired o' yu a tie mi out like cow
No more false promises
Dis man mek mi feel sweet lacka roses

Him treat mi good an' provide fi mi
Him considerate an' kind, mek mi feel like a lady
Mi know yu vex for mi naaw sniff no more a yu herb
So satan mek yu way out, dem calling all scrubs to de curb

Ah get miself a warrior fi defen' all mi rights
Now tell mi ole bwoy, why mi would want yu, a parasite?
Mi no want yu no more, yu done suck mi blood dry

Yu gi' mi iron fi chaw an' mek mi always cry

But Jesus, wipe mi tears an' set mi straight
All de time mi did a waste wid yu, Him patiently did a wait
Now dat a see yu true colours, man, yu truly look dark
So kiroff from yah, march, go tek a walk!

Look how mi exquisite an' full o' pure sweetness
But yu mek mi tink mi neva worth anyting; yu ride pon mi weakness
Tink yu so special, but cu 'pon yu too
Move outta mi way before a jus' buck yu!

Look yah no devil, mi a warn yu, yu know
No come back a mi yawd for mi no want yu!
Cut all wi ties an' jus' forget mi name
Mi no longer living fi play inna yu game

Bwoy, weh yu a do? Tek yu han' offa mi shoulder!
No mek Ah get bad in yah,
'Cause mi is a bapitized, spirit filled, gospel boxer
    (whoooo---aaahhh!)
Mi read mi Bible an' pray fi get strengt' from mi Fawda
Satan, dis is no weakling no more, mi is no pushover

Yu naaw run? If yu know wha' mi know you'd betta
Mi jus' graduate from God's army, as a mighty demon chaser!
Well stan' up bwoy an' tek lick inna yu skin
For righteousness mus' overpower sin

Satan an' ' im followers a try plot a coup
But de Word says, 'resist de devil an' he will flee from you'
God will give yu strengt' fi face de unknown roun' de ben'
For Him is DE WAY, DE TRUUT' an' DE LIFE...a dat mi a defen'
    yu hear mi frien'...

a God a do it

"But that no man is justified by the law in the sight of God, [it is] evident: for, The just shall live by faith." Gal 3:11

Mi a go a doctor from when since when
As mi body wasn't all dat, an' on it, mi coulda hardly depen'
But as Ah was climbing de ageing escalator
Ah thought Ah would like fi bear fruits now, rather than later

Dem check mi an' say, gal sinting mus' be wrong wid yu
Pints a blood and x-rays, wi' no longer know wha' fi do!
Mrs B, dis might be hard for yu to believe
But it look like it goin' difficult fi yu conceive

Some say… try go 'pon yu head top
Some say …no… yu fi try de belly flop
Ah gwaan like a deh listen but Ah immediately dismiss
All dem piaw-piaw advice and suspicious foolishness

For de Holy Spirit say wait thou ye 'pon God
Yu Fawda wi' full yu belly an' mek yu ever glad
So one night when de Spirit urge mi, Ah go look fi mi husban'
Ah chups him so 'im wake an' say darlin' mek wi bond…

Now dat dis Christian dawta is with child
Mi no haffi hang mi head, mi no have nutten fi hide
For is not by magic or voodoo
Is jus' God a prove Him word's forever true

I've been battered and I've been bruised
But mi naaw gi' miself to de devil fi use
Ah gwaan keep de fire under 'im tail
For mi naaw come offa de demonchasing trail

Mi nose might a get broader an' mi belly may look bang
But if yu tink mi a retire tell de devil dat 'im wrong!
For although mi a get fatter and mi foot dem might swell
Mi – yah- naaw stop…gi' ole satan hell!

So if 'im come 'bout de place an' yu happen fi see
Ah beg yu jus' enlighten 'im an' warn 'im fi mi
God a raise up a new army a demon controllers
An' mi a go inna de firs' batch a enrollers

For although mi a get fatter and mi foot dem might swell
Mi – yah - naaw stop…gi' ole satan hell

when i've been through the mill

> *"But they that wait upon the LORD shall renew [their] strength; they shall mount up with wings as eagles; they shall run, and not be weary; [and] they shall walk, and not faint."* Isa 40:31

Trials seem set on every hand and pain is all I know
Trouble encompasses me and is everywhere I go
Tears have become my meat and remind me of my sorrow
But the Word of God shall stabilise and set my mind aglow

For when I've been through the mill…
I would have completed the Master's will
For despite these times of trouble,
    I know He's with me still…

My freedom may seem threatened, as my enemies have built a fence
But where else shall I run but to God, and His holy presence?
I shall withstand the test of times, for He's made me a woman of essence
Shall He not then stand strong for me, and be the strength of my defence?

For yea, when I've been through the mill…
I would have completed the Master's will
For despite these times of trouble,
    I know He's with me still

So when tomorrow comes, and tells me that all hope is lost
For I've struggled with the winds and have been turned and tossed
And the sunshine has given way to rain and turned the warmth to frost
I shall not worry about the debts to pay, for God has stood the cost

When I've been through the mill
And have completed the Master's will
My cup won't be empty but His Holy Ghost will fill
So I will continue to look unto that hill
For yea I know, He's ever with me still

When I've been through the mill....

daylight attack

"Behold, I give unto you power to tread on serpents and scorpions, and over all the power of the enemy: and nothing shall by any means hurt you."
Luk 10:19

Mi tink say tief woulda come inna de still o' de night
But dissa bwoy brazen, for 'im come inna de broad daylight
'im neva screechy through de window but ring mi doorbell
Fi tell mi to mi face say 'im want mi company dung a hell

'im arm wid every type o' weapon
An' ' im lip sugar coated wid all sort a juicy temptation
'im say look 'pon de very hard life dat yu had
Mi can fix dat fi yu, jus' turn yu back 'pon God

Fi years now Him a feed oonu people a misguided notion
Jus' so Him can get oonu fi give Him special devotion
But if yu waan' forget yu poverty, come 'pon fi mi side
Success will truly be yours, if yu jus' backslide

Ah tink 'bout Pastor Mark an' de Word dat him preach
When him point out Matthew 4 an de tings dat it teach
Jesus was hungry, de devil try tempt Him fi mek bread from stone
But mi Lord tell 'im man not to live by bread alone

Jus' like den de bwoy satan a say all these things I'll give to thee
If only you will fall down and worship me
Mi couldn' help miself, mi laugh an' say what a poppy show
satan a try fi gi' 'way what 'im neva sow!

'im get upset when mi laugh inna 'im face
Mi say get thee hence, yu big lump o' disgrace
The earth is the Lord's and the fullness thereof
Mi have an appointment wid prayer, so hear yah no, jus' kiroff!

Before mi coulda close mi door, de bwoy fling a rockstone
    say 'im a go bus' up mi head
Mi haffi draw fi mi sword,
    when mi see say de bwoy come fi kill mi dead!
Ah wheel 2Corinthians 10 vrs 4 inna de air
An' see de bwoy face drop as 'im yeye full up wid fear

Ah say yu come yah today wid yu tricks an' politics
But yu come fin' mi dress up inna verses 11 to 17 of Ephesians six
Yu a fling rockstone, but mi a res' 'pon de Rock
His grace is sufficient, so dere's nutten dat Ah lack

So tek anodder step forward, come no, if yu dare
For nuff gospel box a gi' 'way, enough deh fi yu get yu share
Weh yu deh back-back a go?
Yu no say yu bad, so come no?

I goin' live an' declare de Work of de Lord, no, I shall not die
Before a get fi step inna yu stomach, an' scratch out yu deceitful yeye
Yu know de Word, so yu use it, fi stir up people min'
Say a so, when a no so it go, for yu a run out a time!

Yu see mi inna mi situation,
So yu try bake mi puddin' outta frustration
But I an' I naaw look fi your type a elevation
For a crown of life belongeth to the man dat endureth temptation

Yu come fi sweet talk mi bwoy, fi commit yu intended atrocity
But I'm not the least bit intoxicated by the exuberance of your verbosity!
What a way yu lose yu voice now, what a way yu mout' get tense
Den satan, yu mean yu jus' realize, dat a Angelic Hosts a mi defence!?

Dem bawl out, lick-i'-dung peckeh-peckeh-pam-pam!
Gal, draw 'pon de spiritual food dat yu nyaam
Wi come fi mek yu know yu have full authority
Fi tackle de bwoy an' step inna 'im belly

'im tek a look 'pon mi growing fis',
An' 'im voice stawt quake wid pure cowardice
'im put 'im han' 'pon 'im head an' say, Lawd a massi, a wah' dis?
Mi haffi go tink twice again, when mi see yu name 'pon mi lis'

Lickle after dat Ah see de foot dem scatter
Devil scamper dung de hill like a lickle ratter
Ah say, Tenk yu God, dat Faith's mi shiel'
An' yu Holy Word is mi sword fi wiel'

Ah have no need fi worry, Ah have no need fi fear
For de Lord is mi fortress an' Him wi' always be dere
Ah have no need fi worry, Ah have no need fi fear
For de Lord is mi fortress an' Him wi' always be dere …

Thought Provokers

It's good to reason...

The Bible clearly states that we must not only be hearers of the word, but also its doers. Knowledge is worth nothing unless it's aptly applied!

dibble dabbling

"A double minded man [is] unstable in all his ways." Jam 1:8

Mi Pastor dung a EICOG always say it alright fi mix
but it no good fi mix up
But some people try fi poke every bit a knick-knack
inna de one lilie cup
A dash a dis an' a douse a dat
like dem a boil pepper pot stew
'Til dem lose all sense o' purpose
fi know what's what an' who's who

Dem drink soup, before dem nyaam ripe banana an' patty
wid mango an' avocado pear
Not even thinking how dem poor stomach
a go cope wid de wear an' tear
Huh… yu might tink mi jus' a talk 'bout food….
but some o' wi a Religious Addicts
Wi dabble yah so an' dabble deh so
     like wi really immune from colic!

But if yu dip inna everyting an' lay yuself careless
Yu wi' pick up STD's!
By dis Oh Church, hear mi wah' mi say,
Ah mean a spiritually transmitted disease

For some o' wi no waan' go through de process o' purification
Wi rather overfull wi gut, then reach fi de Gaviscon
But wi caan' expec' fi mix bitter gall wid fresh salmon
An' wi caan' serve God while wi a flirt wid mammon

Solomon say yu ears mus' try de Word
like how yu mout' try de taste o' meat
If it don' line up wid de Word O' God,
yu won' swallow it though it sweet
So fi every true worshipper
who no haffi hide dem face beneath a hood
Yu wi' escape heartburn an' diarrhoea
for yu know when sinting cook good

But wi caan' expec' fi mix bitter gall wid fresh salmon
An' wi caan' serve God while wi a flirt wid mammon

now mi find god

"And He said unto them, Go ye into all the world, and preach the gospel to every creature." Mar 16:15

Smaddy tell mi 'bout de wonderful Spirit o' God
An' Ah decide fi accept Him,
because…
Him was free, an' something mi neva had
But when mi finally get de package,
mi was faced wid a new dilemma
Now dat mi get dis great gift
weh mi did a go do wid Him sah?

Maybe, put Him inna one matches box
Limit Him so Him caan' move
It might soun' cruel weh mi say
But mi no waan' get up one morning
an' find dat Him run weh?
Or maybe, Ah wi lock Him inna one cupboard
So when visitor come, mi offer everyting else
from toast, crackers, coffee an' tea
But God, Him a sinting special, an' Him a jus' fi me

Ah wonder if it woulda work out better
if mi drop Him inna one jar?
Or jus' tek Him wid mi each time mi go out
an' carry Him inna de boot o' mi car?
No gal, yu a eediot, put Him inna yu pocket!
Dat way yu can tek a lickle peep now an' then,
 fi mek sure Him inna yu yeye socket

The gift of God is to be embraced and then shared
The name of the Lord is to be reverenced and feared
The presence of God cannot be locked away in your purse
For after all, He's greater than the entire universe

So why do we as Christians refuse to pass Him on
When night is due to enter, can we hold on to the dawn?

If He is love, then we must show this
If He is joy, then all must know
Don't steal somebody's blessings
By ever failing to let go

a gossiper's tale

"Death and life [are] in the power of the tongue: and they that love it shall eat the fruit thereof." Pro 18:21

Judge mi, but mek sure yu judge mi right
No mark mi too hard fi de lickle back bite
No bodder set mi dung fi go bun up inna hell
Fi de lickle half truths and de heap o' lie mi tell

Then Lord, feava yu no memba dat a part-time mi work fi yu?
Mi no always haffi tink 'bout de tings dat mi do
Mi no really care if mi a cause harm
For mi a smaddy dat love de miggle o' de storm

Look 'pon Mary Sue deh now
Massi! A min' she feava dem ole cow!
She no see how she deh get weighty?
Ah can bet she no do nutten a yard, for she really look lazy

My God, look how Carol mawga lacka stick
She too draw man, yu sure she no anorexic?
'Top talk 'bout dat, mek mi put on mi shoes
For mi not even get fi tell yu 'bout de lates' news

Weh day night mi no see Pastor a hug up 'oman dung a 'im gate?
Mi know say a no prayer meeting dem did a have so late
Mi naaw prod, an de Lord know mi no mean fi poke
But mi no all hear say Lola son him deh 'pon coke?

Eh! Mi hear to say Sister Jean love off Bredda John
What a disgrace, an' she jus' bury har husban'!

Maas' Luther sick now an' a pure contention
For dem wuk all dem life an' not even have a lickle pension (cho!)

Anyway, mek Ah go carry dah bickle yah go gi' Maas' Truncie
For not a soul else fi 'tretch dem han' to him, an' 'im have so much pickney!
But de brute can nyaam nuff to yu see
'Im shoulda lucky say 'im have a neighbour weh so Godly- lacka mi

Wait. How Patsy no call mi from morning yet?
Mi ears dem a cease up now, mi haffi get dem wet
She betta no tell mi har business yu know, dat's if she have any doubt
For yu know mi a no one, fi really kibba fi mi mout'

Aye sah. Wid all dis news carrying dat get aroun'
Every los' secret mus' be foun'
Dere's no debate fi say wedder it wrong or right
For de Bible say everyting done in darkness, mus' come to light

So no tek it to heart
Yu always know say a so gossip start
Some people jus' like siddung an' tek news
Dem wi' chat people business an' dem no care a whose

So if smaddy wi' listen, mi tongue wi' find frien'
An' if yu ears too straight, mi wi' help it fi ben'
For as long as people business inna de air a float
Mi wi' always have someting juicy inna mi throat

So if yu a go judge mi, mek sure yu judge mi well
For gossip wi' always deh a road, fi either buy or sell
But when judgement day come, de tongue firs' wi' haffi fret
For God say it have de power, fi bring either life or deat'

Glossary

Personal pronouns

Ah	I
bwoy	boy
dem	them
gal	girl
har	her
'im	him
mi	me
she	she

(e pronounced as in short vowel 'i' (eg. shimmer)

wi	we/us
wiself	ourselves
yu/oonu	you

Certain consonants at the beginning or end of words are often left unpronounced/omitted as in:

'pon	upon
'tan	stay
'tan tuddy	stay or to stand sturdy/firm
'til	until
'tretch	stretch
agains'	against
an'	and
ben'	bend
ches'	chest
corrup'	corrupt
deat'	death
frien'	friend
goin'	going

groun' /(grung)	ground
han'	hand
healin'	healing
hol'	hold
husban'	husband
inten'	intend
jus'	just
lan'	land
min'	mind
ol'	old *(also expressed as ole)*
rejec'	reject
respec'	respect
sen'	send
stan'	stand
teet'	teeth
tes'	test
twis'	twist
woun'	wound

'th' is often represented by the letter 'd' as in:

bodder	bother
dan	than
dat	that
de	the
dere	there
dis	this
dissa	this/this one
dough	though
odders	others
wid	with

Other Common Translations

a	is/of
a de dead stomp a	distinctly resembles
a dis oonu a dis?	are you disrespecting?
a go cope	is going to cope
a pour	is pouring
Baby-bom	a baby's bottom
bade	bathe
bawl or holler	cry/cry out
betta	better
bex	vex
bickle	food
bruk	break
bun up	burn up
bus' up	burst
caan'	can't
catapult	slingshot
chile	child
conk	knock
coulda	could
dawg	dog
duck (as in haffi duck)	crouch
dung	down
dung-ca'	uncaring/irresponsible
dutty	dirty
eediot	idiot
fah	for
feava	looks like
fling	to hurl or throw mightily
gallang	go on
gwaan	go on
haffi	have to

hawd	hard
helluva	huge
inna	into
inna wi	inside of us
kibba yu mout'	keep quiet
kiroff	clear off
lacka	like
lef'	leave
lickle	little
lilie	little
Maas'	Mr.
mawga or draw	meagre or extra slim
mek	make
muck	mess/filth
muck-muck	dirty or filthy
mumma	mother
naaw go	not going to
neva	never
no good fi mix up	it's not good to entangle oneself
no pay no min'	was not mindful/ to not take notice of
nuff	a lot
nutten	nothing
nyaam	eat
o'	of
outta	out of
pee-pee	urine/urinate
pickney	child
Piaw- piaw	unsound (advice) or not up to scratch (half-hearted)
poppy show	racket/ false pretence/ ridiculous notion
puppa	father

she deh get weighty	she's getting fat
siddung	sit down
sinting/sitten	something
smaddy	somebody
so-so-so	just as it is
stawt	start
stoosh	proud
stucku	very short and plump
t'ump	thump
tek off lacka kite	to move swiftly against the wind
tek	take
tenk or t'ank	thank
tief	thief
tin bum	tin mackerel/pilchards
ting	thing
truut'	truth
up a foreign	abroad
wedder	whether
weh day	the other day
weh	where
weh wi deh	where we are
wi'	will
wuk	work
yah so an' deh so	here and there
yah	here
yawd	yard
yeye	eye
yu shoulda deh deh	you should have been there